AF250491

LES RUSSES EN FRANCE

SOUVENIRS DES ANNÉES 1815, 1816, 1817

LES RUSSES

EN FRANCE

SOUVENIRS DES ANNÉES 1815, 1816, 1817

PUBLIÉS PAR

F.-S. CAZIN

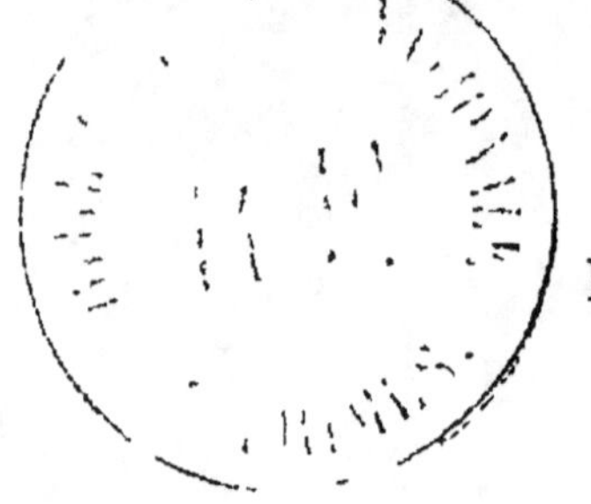

AVRANCHES

Imprimerie Avranchinaise de J. DURAND, rue Boudrie, 2.

1880

LES RUSSES EN FRANCE

SOUVENIRS DES ANNÉES 1815, 1816, 1817

Ce fut une belle et joyeuse année que l'année 1815 ! — A Paris, comme dans toute la France, on chanta, on dansa. Les salons aristocratiques, fermés depuis un quart de siècle, s'étaient rouverts l'hiver précédent ; une nouvelle génération, éclose sous un autre ciel, y dansait, y chantait en présence d'une génération qui y avait dansé et chanté avant le cataclysme révolutionnaire. A la cour on dansait dans la plus profonde sécurité ; qu'avait-on à craindre ? Le volcan n'était-il pas bien éteint ? N'avait-on pas une armée fidèle et dévouée à l'antique dynastie ? Ses généraux n'avaient-ils pas prêté serment entre les mains de l'héritier de Saint-Louis, de Henri IV ? Le *Corse* n'était-il pas confiné dans une île ?..... Oui....., et, dans cette île, on ne dansait guère....., mais..... on y chantait aussi..... ; on y redisait la gloire et les triomphes passés, et, — bien bas, — on y faisait entendre des chants d'espérance que les vents apportaient vers cette patrie qu'on comptait bien revoir.....

Le 20 mars arrive : l'aigle dont on croyait avoir assez

rogné les ailes pour l'empêcher de traverser les mers vient, de clocher en clocher, s'abattre sur les Tuileries et le vent qui l'apporte disperse les fleurs dynastiques qui n'avaient pas eu le temps de reprendre racine dans leur sol primitif. Adieu les rires et la danse ; — mais on chante toujours ; — ce ne sont plus les mêmes chants, ni les mêmes chanteurs ; le tour de ceux qui avaient chanté la paix et les fleurs est passé ; stupéfaits à la vue d'un orage qu'ils avaient été loin de prévoir, ils se taisent comptant sur sa courte durée. Le rappel des tambours et des trompettes, qui se fait entendre d'un bout à l'autre de la France, succède aux musiques joyeuses ; les routes de la Flandre retentissent de chants guerriers ; la grande voix du canon s'y mêle bientôt et finit par les couvrir..... Ils avaient à peine cessé que Paris donne le signal du retour des danses et des chants ; dans les jardins royaux, dans les rues, sur les places, toutes les classes se confondent pour danser et chanter. Ces beaux principes d'Egalité et de Fraternité pour lesquels tant de sang avait inutilement coulé depuis vingt-cinq ans, ne sont plus des utopies ; les dames blasonnées et les dames de la halle, les guerriers des bords du Don et ceux des bords de la Seine mêlent leurs pas et se donnent la main. Il n'y a plus d'ennemis ; il n'y a ni vainqueurs ni vaincus, mais bien des libérateurs et de bons amis !.....

Pendant que les Cosaques bivouaquent dans les Champs-Elysés, nos villes frontières bombardées ouvrent leurs portes à nos amis les Prussiens, et les habitants, dans leurs maisons à moitié détruites, ont, pour consolation, le bonheur d'entendre retentir sur leurs remparts ces chants d'actions de grâces répétés par des milliers de voix, avec tant d'ensemble, tant d'harmonie, que, si l'on ne savait que la victoire est toujours pour le bon droit, pour les causes justes, et un peu aussi pour les gros bataillons, on pourrait craindre que le Dieu des armées ne l'accordât, de préférence, à ceux qui le remercient si mélodieusement, ne fût-ce que pour avoir le plaisir de les entendre.

Nos provinces étonnées et désarmées voient alors circuler ces légions étrangères, bien fières de nous rendre une des nombreuses visites que nous leur avions faites. La Bretagne et la Vendée ont fait leurs preuves ; elles sont dispensées de leur séjour ; mais, pendant trois mois, les buveurs de bière de la Germanie boivent le cidre de notre belle Normandie, tant soit peu suspecte de *Buonapartisme*. Les Autrichiens et les Russes se promènent de leur côté, puis tous vont s'abattre dans les forteresses et dans les villes frontières qui leur sont livrées comme otages, formant ainsi, à notre pauvre France écrasée, une ceinture de fer dont elle reste étreinte pendant trente mois d'une occupation jugée nécessaire pour la consolidation d'un nouvel ordre de choses et pour la garantie du paiement d'une indemnité de guerre, à laquelle, par provision, nos libérateurs ajoutèrent les armes, l'artillerie et tout le matériel de nos places fortes, dont ils auraient voulu faire sauter les remparts, ne pouvant les emporter.

La légitimité a triomphé sur toute la ligne. — Branle général ! — Les provinces suivent l'exemple de la Capitale. — Tandis qu'ici le peuple danse autour de la colonne d'où il essaie d'abattre la statue du grand homme à qui elle sert de piédestal et où elle fut élevée au bruit des acclamations de ce même peuple, là-bas, dans le midi, les *Trestaillon*, les *Truphemi*, chantent et dansent autour de leurs victimes, ces *brigands de la Loire*, rentrés paisibles et désarmés dans leurs foyers, pendant que le Bellerophon emporte leur chef, leur idole, ce dispensateur de couronnes que les rois, naguère ses bons amis, ses courtisans, envoient périr, dans une lente agonie, sur un rocher au-delà des mers.

Trop heureux alors nos habitants des frontières du Nord s'ils avaient eu le loisir d'apppprécier leur bonheur ! Sans quitter leurs foyers ils avaient pu voir défiler une magnifique armée, marchant au combat pleine d'enthousiasme ; ils avaient pu entendre au loin mugir le canon des batailles ; ils avaient eu le spectacle de toutes les horreurs d'une retraite après une défaite, les routes couvertes de blessés, de morts, de mourants et de fuyards faisant entendre cet affreux cri de « *sauve qui peut !* » le tumulte, le bruit d'une foule immense marchant sans ordre, sans discipline..... scènes incroyables, affreuses qu'on a trop vues d'une fois ! — Ils avaient connu les privations et le calme sinistre d'un blocus, les tribulations d'un état de siége et les inconvénients de la possession d'une habitation quelconque dans une ville où les ennemis, fussent-il même nos amis, nos libérateurs, viennent s'installer sans façon, sans gêne ; disposant des parties de nos maisons que les bombes, les obus et les boulets ont épargnées comme s'ils en payaient les contributions ; de nos vivres, comme s'il nous en restait pour notre propre subsistance, et répondant à nos plaintes : « Vous en avez fait bien d'autres chez nous ! » Mais, chers bons amis, remarquez donc que nous étions en vainqueurs chez vous, tandis que vous êtes venus chez nous en libérateurs, en amis : vous avez montré *patte blanche* pour entrer plus facilement. — La distinction était un peu subtile ; ils ne la saisissaient pas bien ; ils auraient pu répondre : « La raison du plus fort est toujours la meilleure. » Adage à l'usage des despotes et qui fait fi de la bonne foi, des traités et du droit des gens. Ils se contentaient de dire : « Moi ne pas comprendre. »

Il y avait donc quelques inconvénients à être bourgeois d'une ville otage ; mais quelles belles compensations ! que d'émotions ! quels spectacles curieux et intéressants, — sans fatigues, — sans déplacement, — à domicile !... — Malgré les récits des voyageurs, récits qui laissent toujours dans l'esprit quelque doute, parce que l'on sait que « a beau mentir qui vient de loin ; » malgré les chemins de fer, la vapeur et les ballons ; malgré les meilleures intentions des autocrates présents et futurs, quel est, je ne dirai pas le guerrier (vu les circonstances), mais quel est le bourgeois français qui pourrait se flatter de voir jamais défiler sous ses yeux des bandes d'habitants des bords de l'Obi ou de la Léna ? Calmoucks, Baskirs, Toungouses, Kirguis, et autres curieux civilisateurs voisins de la Chine et du Japon. Il fallait 1815 pour nous procurer cette agréable distraction et un autre 1815, nous l'espérons bien, ne reviendra jamais !

Les Cosaques ! voilà les Cosaques ! C'était le cri que, huit jours après Waterloo, on entendait sur toute la frontière du Nord. A ce cri, les habitants des campagnes se réfugient dans les bois ou dans les villes fortes. Du haut de leurs remparts on apercevait, hors de portée de canon, dans les champs, sur les routes qu'ils traversaient rapidement, des cavaliers remarquables par leurs bonnets pointus et par leurs longues lances ; isolés ou par groupes, ils venaient reconnaître le pays et sonder des passages pour les armées qui s'avançaient sur la Capitale. C'étaient de vrais Cosaques venus des riches plaines du Don et de l'Ukraine, ces greniers de l'Europe ; cultivateurs et guerriers, après avoir longtemps disputé aux Czars leur indépendance, ils se soumirent, il y a deux siècles, et fournissent aux armées impériales des corps de cavalerie légère qui leur rend de grands services. Ces Cosaques sortirent de France à la fin du mois d'août. Ils avaient été précédés de quelques jours par des troupes irrégulières auxquelles, par assimilation, on donnait le nom de Cosaques quoiqu'elles ne fussent composées que de Calmouks, de Baskirs et d'autres hordes des Monts Ourals, de la grande Tartarie et des bords de la mer Blanche, obligés de fournir au Czar des contingents en cas de

guerre ; ils forment alors de véritables corps-franc
composés de mille hommes chacun, dirigés plutôt qu
commandés par un seul officier, leur Hetman. Sans solde
sans rations, en pays ennnemi, ils y vivent de pillage e
de maraude. Comme une nuée d'oiseaux de proie, il
suivent les armées ; servent d'éclaireurs ; n'attaquent qu
lorsqu'ils sont sûrs de vaincre; disparaissent s'ils trouven
de la résistance ; s'abattent sur les champs de bataille
dépouillent les morts et les blessés; pillent les campagne
à une grande distance grâce à la rapidité de leurs chevaux
les premiers à la poursuite comme les premiers à la fuite
guère plus civilisés, un peu moins barbares que leur
ancêtres, les Scythes, les Vandales qui, il y a 14 siècles
conduits par Attila, ravageaient les Gaules ; ils ont conservé les traits caractéristiques de leurs pères. Comm
eux, trapus et vigoureux, ils ont la tête grosse, le ne
épaté, les oreilles longues, les cheveux touffus, la barbe
rare et hérissée. Véritables centaures, ils passent la moiti
de leur vie à cheval. Leur cheval c'est leur ami, leu
compagnon ; en paix comme en guerre, ils ne se quitten
pas ; ils mangent et dorment ensemble; sobres tous deux
tandis qu'à défaut d'autres aliments, l'un broute de l
mousse, mange des écorces d'arbres, l'autre se nourrit de
poisson desséché ou de viande crue ramollie sous l
selle.

Voilà les amis qui avaient fait 1,200 lieues pour deveni
nos libérateurs! et qui, dans les derniers jours d'août 1815,
quittaient la France pour revoir leurs foyers.

Les habitants des villes ont entendu, dans le lointain, les cris sauvages qui s'approchent peu à peu ; sur la route poudreuse ils voient se dérouler une longue colonne de cavaliers bizarrement et irrégulièrement accoutrés. Ils n'ont pour armure qu'une lance et un arc ; leurs chevaux sont petits ; les uns balayent la route avec leur longue crinière et leur queue ; d'autres, semblables à des moutons, ont le poil blanc et laineux. Ces Tartares évitent les villes comme s'ils étaient honteux de se faire voir, et, véritablement, il y a de quoi. — Chargés d'un butin enlevé dans les plaines de la Champagne, ils sont couverts de vêtements de tout genre et le moins guerriers ; des jupons de toutes couleurs forment leurs pantalons ; ils se drapent dans des schalls, dans des rideaux à carreaux rouges et blancs. Debout sur leurs larges étriers, ils enfourchent des oreillers, des coussins de fauteuils ; quelques-uns ont conservé le bonnet et le manteau en peau de mouton de leur pays ; d'autres sont recouverts en entier, eux et leurs chevaux du grand manteau blanc de nos cuirassiers, dépouilles des champs de bataille. Un bonnet de grenadier, partagé en travers, forme, à l'un, un colback, à l'autre, une calotte hérissée de poils. A l'arçon de leur selle pend le knout, fouet formé d'un manche d'un pied et d'une corde de même longueur, entourée de cuir tressé, ayant un bourrelet à son extrémité ; véritable assommoir qui supplée aux éperons ; instrument de supplice que les épaules de nos paysans et des prisonniers désarmés n'ont que trop connu.

L'Hetman qui marche à leur tête a aperçu la foule

accourue pour voir passer, sinon pour admirer, sa..... bande, car en vérité on ne peut appeler cela un régiment. Jaloux de faire voir que, malgré ces déplorables apparences, sous ces dehors grotesques, ses compatriotes, hommes et bêtes, ne sont pas sans quelque mérite, il fait sauter, d'un bond, son cheval aux jambes de cerf, sur un tertre élevé de deux mètres. A son commandement vingt cavaliers sortent des rangs ; ils prennent les guides aux dents, lancent leurs chevaux à fond-de-train, détachent leur arc, y ajustent une flèche qu'ils décochent sur un arbre à plus de cent pas de distance et qui leur a été désigné. Sur vingt flèches, quinze s'enfoncent en frémissant dans le corps de l'arbre ; les autres vont s'émousser sur les murs des remparts, à deux cents pas de là. Les spectateurs donnent des applaudissements à des manœuvres de lance faites avec une extrême dextérité ; la troupe y répond par un hurrah général, puis elle reprend sa marche et son chant lent, monotone, commencé au centre par une seule voix criarde et nazillarde, et répété par mille voix non moins criardes et nazillardes ; entre chaque strophe, un instrument, assez semblable à un flageolet, répète une ritournelle telle qu'en jouent nos aveugles mendiants ; quelques cavaliers accompagnent en râclant des crins attachés sur une planche en forme de violon.

Que disent donc ces chants des bords de l'Océan glacial ? Parlent-ils des arts, de la gloire, de la liberté ?... Ces mots n'ont aucun sens pour ces peuples à demi sauvages ; — de l'amour ?... Il lui faut des printemps, des

fleurs, et une température douce, il doit tenir peu de place
sous un climat glacé que le soleil visite à peine. — Disent-
ils comme le Cosaque de Béranger :

> Viens, mon coursier, noble ami du Cosaque,
> Vole au signal des trompettes du Nord.
> Prompt au pillage, intrépide à l'attaque,
> Prête, sous moi, des ailes à la mort.
> L'or n'enrichit ni ton frein, ni ta selle :
> Mais attend tout du prix de mes exploits.
> Hennis d'orgueil, ô mon coursier fidèle.
> Et foule aux pieds les peuples et les rois.

Non...; les Rois, ils s'en soucient fort peu ; ils ne tiennent
pas à leur faire la guerre ; sans ambition, sans amour de
la gloire, sans espoir, sans désir même de voir améliorer
leur sort, ils ne connaissent, des chefs de la terre, que le
Czar ; son image est placée à côté de quelque statue
informe, — il y a 60 ans, — idole adoré d'un culte dont
le tabac, l'eau-de-vie et les coups de bâton, habiles
convertisseurs, ont démontré la fausseté ; aujourd'hui,
mère du Dieu des chrétiens, ou saint du paradis.

C'est donc le Czar qu'ils chantent d'abord ; c'est le
représentant de Dieu sur la terre ; il les appelle à la guerre
(pas un ne cherche à s'enquérir du motif), il faut partir.

Après le Czar, le cheval. On lui avait permis d'aller
brouter de jeunes tiges après huit mois de neiges ; on le
rappelle ; il faut qu'il porte son maître dans des contrées
lointaines où il y aura de la fatigue, car les jours y sont
plus longs que les nuits ; mais il aura de l'orge et de

bonnes litières ; La femme et les **enfants** l'ont caressé pour qu'il sauve son maitre en cas de danger ; pour qu'il le porte doucement, lorsqu'il dormira étendu sur son cou, on lui fait de belles promesses pour son retour.

Puis ils chantent les occupations du ménage confiées aux femmes et aux filles : les travaux agricoles, la pêche, le soin des filets aux aînés des garçons, la garde des chèvres et des moutons aux plus jeunes ; ils chantent leur traineau, l'arbre creux qui leur sert de nacelle ; ils chantent..... leur patrie !..... Ils ont parcouru nos riches provinces, nos campagnes peuplées ; — ils ont vu nos villes, leurs palais et leurs temples ; — ils ont vécu dans l'abondance au milieu de nos plaines couvertes de récoltes ; ils ont vidé des milliers de bouteilles dans les caves de la Champagne ; — ils quittent tout cela sans regrets pour revoir..... leur patrie !..... huit mois de nuit et de neige ; des steppes sauvages ; du poisson salé ; du fromage de lait de chèvre ; de la viande de cheval (car ils mangent leur bon ami quand il est devenu vieux) ; une liqueur faite avec la sève du bouleau ; une hutte enfumée..... ; ils appellent cela une patrie !..... les malheureux !.....

La vie de garnison est généralement fort peu récréative et très-monotone. Les soldats passent les trois quarts du jour à faire l'exercice, à battre et brosser leurs habits, nettoyer et *astiquer* les buffleteries, boutons, sabres et gibernes ; les cavaliers ont de plus le pansage de leurs chevaux qui leur prend trois heures par jour. Après tous ces soins, les troupiers français vont, trois ou quatre

ensemble, se pavaner et chercher à faire des conquêtes
dans les promenades publiques fréquentées par les
ouvrières et les bonnes d'enfants, ou bien ils se rendent
dans les guinguettes qui entourent la ville, et là, attablés
devant un litre de bière, ils crient, plutôt qu'ils ne
chantent, des airs méconnaissables et des couplets où
l'amour joue un grand rôle. Quelques-uns font une partie
de quilles ou de boules. Les dimanches et jours de fêtes,
ces guinguettes se peuplent d'ouvrières de tous états, de
la ville et des environs, de bonnes, de cuisinières, qui ont
retenu leurs soirées du dimanche. Une clarinette, une
basse et deux violons jouent, sans interruption, des valses
et des contredanses. Quand les tambours battent la
retraite, bien des déclarations ont été hasardées ; des
rendez-vous ont été donnés pour le bal suivant. Souvent
aussi, ces soirées se terminent par des horions échangés
entre les soldats et les *péquins* à la suite de disputes que
la jalousie, l'amour-propre, et surtout la boisson, ont fait
naître ; la conséquence en est la salle de police pour les
uns, le violon pour les autres, et souvent l'hôpital pour
plusieurs.

Une ou deux fois par semaine, le troupier varie ses
jouissances. Pendant vingt-quatre heures, il s'étend sur
un lit de camp ; se promène l'arme au bras devant une
guérite ; mêle un vieux jeu de cartes grasses, ou, assis
sur un banc, devant le corps de garde, il *culotte* une pipe
en regardant passer les gens.

La vie des officiers n'est guère plus accidentée ; excepté

les jours de service, ils font élection de domicile au café, où, depuis le matin jusqu'au soir, sauf les heures des repas, ils jouent au billard, aux dominos ou à l'écarté ; lisent un journal insignifiant ; regardent les petits nuages qui s'élèvent de leur cigare, ou se plaisent à déconcerter, par une curiosité empressée, les femmes qui passent. Les commandants et les capitaines mariés promènent leurs femmes et leurs enfants, vivent en famille, et vont en soirées chez les autorités.

Les officiers des troupes alliées, pendant l'occupation, eurent l'avantage d'être logés chez le bourgeois, et même, pendant les premiers mois, d'être nourris par lui ; ils se trouvèrent ainsi immédiatement en communauté d'existence avec les habitants. Menacés de passer trois années ensemble, ils cherchèrent mutuellement à se plaire par des procédés et des égards réciproques. L'officier accorda sa protection contre ses soldats trop exigeants, en échange des bons soins et des prévenances de ses hôtes qui lui firent partager les amusements et les plaisirs de leur intérieur et de leur société. Appartenant à la classe noble et instruite de leur pays, presque tous ces officiers parlaient français, et, dans leurs relations avec leurs hôtes, leur conduite fut généralement irréprochable. Les officiers prussiens laissaient bien parfois percer leur morgue nationale, la joie de leur triomphe, et un esprit de vengeance ; mais on leur passait cette faiblesse ; on les écoutait chanter leurs airs nationaux ; on valsait avec eux les valses de la Reine de Prusse aux sons de leurs belles musiques militaires.

Quant aux soldats allemands, après les exercices et les soins minutieux de leur toilette, ils chantaient avec goût des valses et des Tyroliennes, soit en se promenant, soit aux fenêtres des casernes. Ne comprenant pas et n'étant pas compris, ils n'eurent avec les habitants que des relations désagréables. Officiers et soldats ne laissèrent aucun regret lorsqu'ils partirent.

Le corps d'armée russe qui était resté en France comptait 45,000 hommes, moitié infanterie, moitié cavalerie et artillerie, presque tous vieux soldats. Leurs officiers, peu instruits, sans littérature, n'avaient que des connaissances spéciales à leur profession ; quelques-uns, dans le génie et dans l'artillerie, sortis de l'école des cadets de Saint-Pétersbourg, parlaient purement et sans accent le français ; ils avaient appris la géographie, les mathématiques et l'histoire..... mais une histoire tronquée, altérée, où la nation russe est la première nation du monde ; où les Czars et leurs familles sont des types de vertus en tout genre ; où les échecs et les défaites de leurs armées sont tout au moins de savantes retraites, sinon des victoires ; où ce sont elles, et non les événements, qui ont triomphé en 1812. Histoire où le gouvernement despotique est préconisé comme offrant le plus de garanties pour le bonheur du peuple ; où les efforts d'une nation pour conquérir quelques droits, un peu de liberté, sont omis ou représentés comme des actes de rébellion. Les idées fausses qui résultent de cette instruction ont élevé au dernier degré l'orgueil national des Russes et leur vénération pour leur Empereur. Aux yeux du peuple, des soldats et même des officiers, le Czar est une émanation de la divinité, d'une nature supérieure à celle des autres hommes ; nul n'oserait songer à contester son droit de vie et de mort sur tous ses sujets. Leur catéchisme, seule chose que les Popes, leurs prêtres, soient chargés de leur enseigner, ordonne avant tout le plus profond respect, la plus grande vénération pour le Czar, représentant de Dieu sur la terre, seul chef de son église, et une soumission sans réserve à ses ordres infaillibles. Ce sont là les seuls articles de foi sur lesquels le doute ne soit pas permis ; il n'y a pas à craindre que ce doute naisse dans l'esprit du peuple ou des soldats, avant bien des années du moins ; mais, si un officier l'émettait, il aurait bientôt tout le loisir de réfléchir sur son erreur au fond des mines de la Sibérie. A ce fétichisme, les officiers russes ajoutent des idées Voltairiennes et des principes d'Epicuréïsme que leur éducation publique ne cherche pas à détruire. A cela près, ils sont braves, francs et généreux ; leur caractère vif, léger et gai, a beaucoup d'analogie avec celui de l'officier français. Leur passion dominante est le jeu. Plusieurs d'entre eux, partis de Russie possesseurs de vastes domaines et de plusieurs centaines de paysans, avaient perdu, dans les soirées de bivouacs, en arrivant en France, jusqu'à leur dernier cheval, leur dernier domestique. Des chefs de corps qui avaient fait d'énormes *économies* pendant l'occupation les laissèrent dans les maisons de jeu de la capitale. Aimant le faste et l'ostentation, il y en eut qui employèrent toutes ces *économies* à donner des fêtes. Les grandes salles vides de nos arsenaux, richement décorées de draperies et de fleurs, virent se dresser, sur leurs parquets cirés, des tables couvertes des produits culinaires les plus recherchés de toutes les parties de la France, des vins les plus chers ; leurs murs accoutumés au cliquetis des armes retentirent, pour la première fois, du son de cinquante instruments jouant des airs de danse, et leurs planchers furent ébranlés par les pas de mille danseurs accourus de vingt lieues à la ronde, fonctionnaires, magistrats et notabilités invités à ces fêtes données par des Moscovites qu'ils ne connaissaient pas même de nom, et dont ils n'étaient pas plus connus.

Les bals russes s'ouvrent par une *Polonaise*, promenade faite autour des salles par les danseurs placés dans un ordre hiérarchique, le plus haut dignitaire en tête. Chacun donne le bras à une dame. Le cavalier marche gravement en mesure, la dame fait un demi-pas de valse. Après quelques mesures, le premier cavalier baise la main de sa dame, la lâche, se retourne en frappant dans ses mains, offre le bras à la dame qui suit ; le cavalier de celle-ci répète cette pantomine en offrant son bras à la troisième dame, et ainsi de suite jusqu'au dernier groupe dont le cavalier vient offrir son bras à la dame abandonnée par le premier, et qui a continué à s'avancer seule en tête de la colonne. Cette figure se répète autant de fois qu'il y a de couples et jusqu'à ce que chaque cavalier ait retrouvé sa dame, ayant ainsi fait quelques pas avec chacune des autres.

A cette espèce de revue succèdent les Allemandes, les Anglaises, les valses rapides, les quadrilles français et les danses nationales, de vraies Mazurkas, danses militaires où les coups de talon de bottes armées d'éperons à molettes retentissantes accompagnent la mesure lorsqu'elles ne sont pas entortillées dans les garnitures de robes..... — Les dames françaises avaient facilement appris ces figures et ces pas. — Leurs maris prenaient part à ces plaisirs, buvaient les vins de France payés par l'étranger, et disaient : cela fait aller le commerce..... c'est autant de repris sur l'ennemi.

Depuis 987, la religion grecque est dominante en Russie. Elle diffère de la religion latine principalement par les points suivants : Les grecs donnent le baptême par immersion ; les latins par aspersion. Les derniers consacrent avec du pain azyme ; les premiers avec du pain levé, et ils administrent le Sacrement de l'Eucharistie sous les deux espèces. Les latins croient que le Saint-Esprit procède du Père et du Fils ; les autres qu'il procède du Père par le Fils. Les grecs condamnent, dans leur catéchisme, le sentiment des latins sur le purgatoire ; ils pensent que ceux qui meurent dans le péché ne sont pas damnés à toujours et qu'ils peuvent être rachetés, même des plus grands crimes, par des aumônes et des prières. Ce catéchisme conseille des aumônes à l'église pour être heureux dans l'autre monde. Cet article valut de grandes richesses au clergé. L'article 28 dit que « l'âme s'insinue » dans le corps dès que les organes sont formés, comme

» le feu dans toutes les parties d'un fer rouge. Sa princi-
» pale demeure est dans le cœur et dans la tête. »

Les latins reconnaissent le Pape comme le premier évêque du droit divin ; il est en cette qualité le centre de l'unité de leur église. Les grecs ne reconnaissent point la primauté du Pape. Leur église n'avait qu'un seul Patriarche qui avait son siége à Constantinople. Il sacrait un métropolitain de Moscou. En 1588, Job, archevêque de Novogorod fut sacré patriarche de Russie par Jérémie, Patriarche de Constantinople réfugié à Moscou, qui renonça à la suprématie de son siége sur celui de Russie : renonciation qui fut longtemps contestée, attendu que Jérémie était destitué et remplacé à Constantinople lorsqu'il la fit. Les successeurs de Job cherchèrent à rivaliser de puissance avec les Czars. Le Patriarche Nicon poussa si loin ses prétentions au partage de la souveraineté que l'Empereur Alexis ne put se débarrasser de sa rivalité qu'en réunissant un synode qui déposa ce prélat et le fit enfermer dans un cloître. Ses successeurs n'eurent plus qu'un pouvoir spirituel. Pierre Ier supprima le patriarcat et le remplaça par un synode permanent. Le Czar en est le président ; il se compose d'un vice-président qui est archevêque ; de six conseillers, évêques, et de six archimandrites ou abbés. Le clergé se divise en deux corps, les moines et les prêtres réguliers nommés *Popes* ou *Papas*. Les moines sont de l'ordre de Saint-Bazile ; ils vivent en communauté, ne peuvent manger que du poisson, des œufs et du laitage, encore doivent-ils s'en abstenir les

lundi, mercredi et samedi, et tout le carême. Le haut clergé
est tiré des moines. Avant Catherine II, on comptait en
Russie 10,000 moines et religieuses ayant plus de 700,000
serfs pour cultiver leurs terres. Cette Impératrice s'empara
de leurs biens et leur donna un salaire sur le trésor public.
Les prêtres doivent être mariés et avoir au moins 30 ans.
Veufs, ils deviennent moines. Le clergé seul peut porter
la barbe longue, telle que la portaient tous les Russes
avant Pierre Ier (1689). Ce souverain voulant faire adopter
à son peuple les costumes et les usages de l'Europe
qu'il venait de visiter, attaqua, d'abord par le ridicule,
ceux qu'il désirait changer. La cour se soumit la première ;
les habitants des villes suivirent l'exemple des seigneurs ;
ceux des campagnes tenaient principalement à leurs
barbes ; des barbiers furent placés aux portes des villes,
et une amende fut imposée à ceux qui ne voulaient pas
passer par leurs mains. Les juifs comme le clergé furent
exceptés de cette mesure. Les Popes sont pauvres et
vivent misérablement. Leur dépendance absolue de leurs
évêques et des seigneurs de leur paroisse les rend
craintifs et d'une humilité rampante ; il n'était pas rare de
voir un seigneur faire bâtonner son Pope, sauf à lui baiser
la main ensuite ; ils sont traités avec plus de ménagements
depuis le règne d'Alexandre. Presque tous sont ignorants,
illettrés et adonnés à la boisson. Il en est auxquels ces
défauts sont étrangers, et qui, plus instruits, se chargent
de l'éducation de jeunes seigneurs ; ils jouissent alors de

beaucoup d'égards et de considération dans la famille de leurs élèves.

La noblesse n'entre pas dans le sacerdoce.

Le peuple russe est plus superstitieux que fanatique, surtout loin des grandes villes. Le fanatisme religieux suppose une croyance sincère et éclairée, une foi ardente et énergique. Le peuple russe habitué à la soumission la plus entière, sans volonté, sans énergie morale, connaît à peine sa religion. Les Popes ne lui enseignent que le catéchisme, oralement et sans commentaires ; de ce catéchisme, il ne retient guère que ce que du reste on a soin de lui rappeler souvent, c'est que le Czar est le représentant de Dieu sur la terre ; que ses volontés sont saintes et doivent être obéies sans réserve ; que ses sujets (Pierre Ier ne voulant pas régner sur des esclaves a changé le mot *golut, esclave*, en celui de *raad, suget*, mais il n'a changé que le mot) ; que ses sujets lui doivent leurs biens, leur vie, leur amour tout entier. Cet amour peut s'exalter jusqu'au fanatisme ; il rivalise avec le culte que le peuple rend à quelques saints, patrons du foyer domestique, Dieux lares des anciens. Dans toutes les maisons, en face de la porte d'entrée, se trouve, dans une niche, une statuette en plâtre ou en bois de saint Nicolas ou de saint André. Un paysan russe ne sort pas ou n'entre pas sans adresser une salutation à son saint. C'est lui qu'il invoque lorsqu'il entreprend un acte quelconque, fût-ce même un acte coupable. Le jeûne, à leurs yeux, expie toutes les fautes. Ils l'observent rigoureusement, surtout pendant le carême ;

ils ne mangent alors que du pain de sarrasin, de la bouillie d'avoine, et, les moins scrupuleux, du pâté de poisson. Un brigand fameux, roué à Moscou en 1720, se défendait faiblement d'avoir sucé le sang de ses prisonniers, mais il s'indignait qu'on l'accusât de n'avoir pas jeûné dans le carême.

Toutes les religions sont tolérées en Russie, à l'exception de celle dont le chef est à Rome, les Czars ne voulant pas que leurs sujets reconnaissent, même spirituellement, un autre chef qu'eux. Tout prosélytisme, au détriment de l'église grecque, est interdit. Un convertisseur disparaîtrait bientôt avec son néophyte dans les grandes oubliettes de la Sibérie. Du reste, les Czars cherchent peu à étendre l'unité de leur église ; ils ne font des conversions que quand la politique le demande, et alors ils n'ont recours ni à la persuasion ni à l'instruction, mais uniquement à la violence. Tous les cultes, depuis le christianisme jusqu'à l'idolâtrie, trouvent place dans ce vaste empire. Dans la Sibérie et la Tartarie, des peuplades adorent encore de grossières statues. Les Calmoucks Zongoros sont aussi païens aujourd'hui que quand ils furent soumis ; ils ont encore trois ordres de Dieux ; le premier ordre en compte mille qui doivent régner tour à tour, et ils en sont encore au premier dieu du premier ordre. Le feu détruira le monde ; un autre sera créé. Ils admettent le purgatoire et le paradis.

A Pâques, les Russes se font des visites, s'embrassent, se donnent mutuellement des œufs durs en disant :

« Jésus-Christ est ressuscité ; » à quoi le visité répond :
« Oui, il est ressuscité ; » puis on boit de l'eau-de-vie. En
France, les officiers des troupes alliées, au lieu d'eau-de-
vie, s'offraient du vin de champagne ; les soldats se
grisaient comme ils pouvaient, et, eu égard à la sainteté
de la cause, beaucoup de fautes de discipline leur étaient
remises ce jour-là. Dans chaque ville de garnison était un
Pope. Leur costume, leur longue barbe, leurs traits graves
et nobles, rappelaient les grandes figures de la Bible. Ils
vivaient très-retirés ; visitaient parfois le curé du lieu
avec lequel ils causaient en latin. Dans les intervalles des
cérémonies du culte romain, et hors des heures de service,
quelques vieux soldats venaient dans nos églises se pros-
terner aux pieds du Pope assis dans la nef ; après l'aveu
de leurs fautes, ils se frappaient la poitrine, non pas en
touchant légèrement et du bout des doigts leurs vêtements,
mais en se donnant de vigoureux coups de poing qui
retentissaient dans toute l'église ; puis ils restaient longtemps à genoux, le front courbé sur le pavé, multipliant
les signes de croix, et priant avec ferveur saint Nicolas
ou saint André, car c'est à son saint et non pas à Dieu que
le Russe s'adresse ; il suppose sans doute qu'il encourrait
les peines de l'enfer s'il se permettait d'avoir recours
directement au Souverain des Cieux, de même qu'il
encourrait certainement la peine de la déportation en
Sibérie, cet enfer des vivants, s'il osait adresser une
supplique au souverain de toutes les Russies, représentant
de Dieu sur la terre.

Aucune pétition ne peut être présentée ou adressée au Czar par telle personne ou pour quelque cause que ce soit. Celui qui oserait enfreindre cette défense serait puni très-sévèrement. La jeune épouse d'un seigneur, condamné à la Sibérie pour complot, alla se jeter aux genoux du Czar en lui présentant une demande en grâce ; l'Empereur parut ému de sa jeunesse, de ses larmes, de sa beauté. Il prit le papier, le lut, y écrivit quelques mots, et le remit à la jeune femme qui, croyant tenir la grâce de son époux, prit la main de l'Empereur et la couvrit de baisers. Il avait mis en marge l'ordre au condamné de se rendre à Tobolsk *à pied !* La malheureuse mourut de douleur quelques jours après ; son mari n'apprit sa mort que six ans plus tard, en recevant sa grâce sous un nouveau règne.

Les Russes ne sont pas musiciens ; ils n'ont que quelques airs nationaux, lents et sans expression. Le climat et le despotisme tuent l'inspiration. Les Moscovites, plutôt militaires que guerriers, n'ont jamais combattu que pour étendre les limites de l'empire, toujours trop étroites au gré des Czars, même aujourd'hui qu'elles comprennent près de douze cent mille lieues carrées. Ils n'auraient pu chanter leurs victoires depuis trois siècles, sans célébrer la défaite des peuples qui maintenant font partie de cet empire. Les légendes fort anciennes de ces différents peuples ne rappellent que des actes de brigandages, des temps de barbarie et d'idolâtrie. Un sentiment qui est de tous les pays et de tous les temps, l'amour maternel seul, fait les frais de quelques morceaux simples et naïfs. Les mères savent que leurs enfants appartiennent au Seigneur qui les doit au Czar ; toute leur tendresse s'épanche et s'épuise dans les premières caresses ; les chants du berceau sont empreints d'une tristesse plaintive qu'inspire la prévision d'une séparation inévitable. Quant à cet autre amour qui sert de texte à toutes les chansons des autres peuples, il a rarement inspiré les poëtes Russes. Des mœurs faciles et relâchées plutôt que dissolues ; des mariages à 13 ans pour les filles, à 15 ans pour les garçons, laissent à peine le temps de naître à cette passion qui aime les obstacles et qui chante ses peines et ses martyres encore plus que ses succès.

Les musiques des régiments russes étaient, en 1815, composées d'un grand nombre d'exécutants, mais non de musiciens. Pour les former, on choisissait, parmi les jeunes soldats, non pas ceux qui pouvaient avoir quelques dispositions musicales, mais ceux qui étaient organisés de manière à souffler le plus longtemps possible dans un instrument quelconque. On leur apprenait à jouer des airs par routine, comme on apprenait aux autres à faire l'exercice du fusil. A cette époque, quelques musiciens de nos régiments licenciés prirent des engagements, comme chefs, dans les musiques des régiments russes ; ils leur ont fait faire de notables progrès. — Un musicien allemand avait formé, en Russie, un orchestre bizarre qui se fit entendre sur quelques théâtres. Il se composait de trente-deux chanteurs, ne produisant chacun qu'une note, un son, comme les touches d'un clavier. C'était original, remarquable de précision, mais cela n'était pas beau et c'était fort peu flatteur pour chaque exécutant passé à l'état de machine, ce que du reste sont les soldats Russes, peu maitres de leur libre-arbitre. Leurs chefs pensent et réfléchissent pour eux, il ne leur reste plus qu'à exécuter, et c'est ce qu'ils font, sans discernement, sans entrainement ; leur enthousiasme, leur ardeur dans les combats, ne sont qu'une surexcitation furieuse qu'accroissent la résistance ou les boissons alcooliques. Ce que nos soldats font par amour de la gloire, par dévouement, avec intelligence, les soldats russes le font par respect pour les ordres de leurs chefs et par la crainte du châtiment.

Dans la campagne de 1815, on vit dans les rangs de nos armées et dans nos corps francs des volontaires borgnes, d'autres manchots ou à jambes de bois ; ils étaient entrainés par le patriotisme. — Le soldat russe qui ne sert que forcé, quitte le champ de bataille s'il est blessé, parce qu'il en a le droit ; on a vu des soldats français continuer à se battre avec le bras qui leur restait. Un soldat russe exécute machinalement et à la lettre l'ordre qu'il a reçu. Il est arrivé qu'un planton chargé d'une missive pour un officier allait le trouver dans un bal, marchait droit à lui dès qu'il l'apercevait, s'arrêtait brusquement devant lui, frappait le parquet du talon de sa botte, remettait sa dépêche, donnait un nouveau coup de talon, faisait un demi-tour, et s'en allait sans s'inquiéter des danseuses qu'il froissait, des lustres que l'aigrette de son schako accrochait, du désordre qu'il mettait dans les quadrilles. — Un militaire russe ne peut, pour quelque cause que ce soit, porter plainte contre ses chefs ; ceux-ci abusent généralement de cette règle disciplinaire pour profiter du système des pots de vin, consacré par l'usage en Russie, et dont ils tolérèrent bientôt l'importation dans leurs garnisons, pendant l'occupation. Le bien-être et la nourriture des hommes et des chevaux qui ne pouvaient se plaindre, les uns pas plus que les autres, eurent beaucoup à souffrir de cet état de choses qui permit à des officiers de réaliser d'énormes *économies*.

La conduite des Russes dans leurs garnisons et dans les cantonnements donna rarement lieu à des plaintes de la part des habitants ; elles avaient presque toujours pour cause le défaut de s'entendre, ou le vol auquel les Russes sont très-enclins ; mais comme ils ne dérobaient guère que des aliments, leurs hôtes cessèrent de se plaindre pour ne pas leur attirer des punitions toujours sévères. Cinq soldats, logés dans une ferme, revenaient de l'inspection du matin comptant se régaler avec des champignons de toute espèce et de toute couleur qu'ils avaient été, la veille, cueillir dans les bois, et qu'ils avaient mis à bouillir dans un chaudron, avant leur départ. N'apercevant plus leur chaudron, ils questionnent la fermière qui leur montre les champignons sur le fumier et cherche à leur faire comprendre qu'ils auraient été empoisonnés s'ils en avaient mangé. N'entendant rien à ses explications, et ne pouvant par conséquent lui savoir gré de ses bonnes intentions, les soldats maltraitent la fermière qui porte plainte au lieutenant du cantonnement. Celui-ci rit de l'aventure, dit à la fermière que les champignons ne sont pas du poison pour ses soldats ; explique à ceux-ci les craintes pleines d'intérêt pour eux de la bonne femme, et leur fait donner à chacun 25 coups de batoques pour avoir si mal répondu à cet intérêt. — Une servante reprochait au domestique d'un officier logé chez son maître de lui avoir pris une volaille ; l'officier, entendant cette accusation, interroge son domestique qui s'avoue coupable. Il envoie chercher un caporal et deux soldats qui lui administrent 25 coups de batoques, malgré les supplications de la servante plus malade que le supplicié ; une heure après, celui-ci ne paraissait plus y songer. Ce qui est à noter, c'est que l'officier avait mangé la volaille ; il avait bien donné de l'argent à son domestique pour en acheter une, mais celui-ci l'avait converti en eau-de-vie pour son usage.

L'armée russe, pendant plus de deux ans d'occupation, aurait pu puiser, au milieu de nos populations, des idées et des principes qu'il eût été dangereux d'implanter en Russie, où pourtant ils auraient eu de la peine à germer dans un sol aussi peu préparé. Elle fut envoyée dans le Caucase qu'elle n'a pas quitté.

BAINS RUSSES

La manière dont les Russes prennent leurs bains de vapeur est une preuve de la puissance de l'habitude sur le corps humain. Au sortir du sein de leur mère, leurs enfants sont plongés dans l'eau froide du baptème ; en hiver, cette eau est à peine dégourdie. On commence au berceau à accoutumer leurs organes à supporter les températures les plus opposées et à passer subitement de la plus froide à la plus chaude. Les logements du peuple, dans les campagnes et même dans les villes, ne se composent généralement que d'une grande pièce pour toute une famille ; autour sont des soupentes superposées qui servent de lits. Dans un coin est le poêle en forme de four, recouvert d'un plancher, sur lequel couchent, pêle-mêle, tous les habitants pendant l'hiver. Dans les parties septentrionales de l'empire, ces chambres ne reçoivent de jour et d'air que par un trou dans le toit ; elles ne sont éclairées, pendant les longues soirées d'un hiver de huit à neuf mois, qu'au moyen de lattes de bois résineux placés horizontalement dans le mur, et que les vieillards sont chargés de renouveler. La fumée de cet éclairage, celle du poêle, remplissent bientôt toute la pièce ; la chaleur qui y est devenue considérable pendant la nuit est subitement remplacée par un froid glacial, quand, au jour, on ouvre la fenêtre ou la trappe du plafond pour dissiper la fumée ou pour renouveler l'air. Il n'est pas rare, dit un voyageur, de voir les enfants sortir de ces pièces ainsi échauffées, courir et jouer sur la neige les jambes nues. Jamais ils ne sont ni ligaturés, ni emmaillottés ; les femmes n'y connaissent pas l'usage des corsets ; elles sont en général grandes, bien faites et vigoureuses, plutôt belles que jolies, elles ont la peau très-blanche. On rencontre, même dans les dernières classes du peuple, des femmes douées d'une beauté remarquable. Dans aucune partie du monde, on ne trouve une race d'hommes aussi grands et aussi forts que le sont généralement les Russes ; quelques-uns atteignent un âge très-avancé ; le nombre de centenaires est considérable, surtout dans le nord de l'empire, et le dernier recensement indiquait quelques vieillards qui dataient des premières années du siècle précédent. Les mœurs, les usages et les lois sont favorables à l'accroissement de la population. Les seigneurs, comme tout propriétaire d'esclaves, ne demandent qu'à voir s'augmenter le nombre de leurs serfs ; le gouvernement qui a besoin d'hommes pour peupler ses vastes solitudes et pour remplir les cadres de ses armées toujours en guerre, favorise, par sa législation, la multiplication et la conservation de ses sujets. Néanmoins, la population de la Russie augmente peu ; longtemps elle fut stationnaire. Chaque année la petite vérole enlève un grand nombre d'enfants ; un autre mal, importé d'Amérique, depuis longtemps répandu en Russie, propagé par la dissolution des mœurs, entretenu par le climat, y faisait de grands ravages ; il y a cinqante ans, l'art médical se bornait encore à l'emploi de quelques remèdes violents, souvent pires que le mal, et surtout à l'usage des bains de vapeur ; les progrès de cet art, et la vaccine, ont diminué les causes de mortalité.

Les riches ont une salle de bains dans leur maison. Dans les villes, il y a des établissements publics où on paie ; il y en a aussi de gratuits pour les pauvres. Autrefois, dans ces établissements, une seule salle réunissait les deux sexes de tout âge. L'Impératrice Catherine II, pour réformer cet usage tant soit peu sauvage, a prescrit que les hommes fussent séparés des femmes, au moins par un rideau ou une cloison. Dans les maisons particulières, tous les membres de la famille sont réunis pour le même bain ; les domestiques viennent ensuite. Les Russes prennent deux et trois bains par semaine, surtout en hiver. La vapeur est formée par l'eau dont sont arrosés des cailloux fortement chauffés dans un fourneau placé sous la salle ; elle s'élève au travers d'un grillage. Ce système très-ancien a été remplacé chez les riches et dans les grands établissements publics par des cylindres métalliques. Autour de la salle règnent une ou deux galeries. Les plus robustes se placent sur la plus élevée où le thermomètre monte quelquefois à 50 degrés centigrades, lorsqu'il n'est qu'à 30 et 40 sur le plancher et à la première galerie. Aussitôt que la transpiration commence à s'opérer, pour la faciliter, les baigneurs se rendent mutuellement le service de se fustiger avec de petits balais de bouleaux. Dans les établissements particuliers, des domestiques font cet office. Il en est qui ont l'adresse de ramasser rapidement avec ces balais une masse de vapeur, et de la diriger sur une seule partie du corps, ce qui y opère un accroissement de chaleur de plusieurs degrés. C'est, dit-on, un remède souverain pour les rhumastiques. Souvent des baigneurs sortent du bain, se promènent au grand air sans aucun vêtement, par une température de glace, rentrent dans la salle quand ils sont refroidis, supportent ainsi une variation subite de 40 à 50 degrés et plus.

Pendant leur séjour en France, les Russes avaient établi de ces bains de vapeur dans toute leurs garnisons. Ils y arrivaient par compagnies, tambour battant, se déshabillaient en plein air, sur la neige s'il y en avait, et entraient au pas, en rang, et entièrement nus dans la salle, portant chacun une poignée de baguettes de bouleaux. Vingt minutes après, ils sortaient rouges comme des écrevisses, se roulaient dans la neige, se plongeaient dans la rivière, sous la glace, selon qu'il y avait lieu, ou recevaient pour le moins chacun un seau d'eau sur la tête. Les soldats russes aiment beaucoup ces bains ; ils ne sont pas seulement pour eux un moyen hygiénique et curatif, ils trouvent encore, dans cette transition d'une chaleur brûlante à un froid de glace, qui serait mortelle pour d'autres, des sensations physiques qui leur plaisent ; et pourtant, malgré leur robuste constitution et leur vigueur apparente, ces soldats ne supportent pas mieux que les soldats français les privations et les fatigues. Si leurs bains les préservent de quelques maladies, il en est plusieurs contre lesquels ils sont impuissants, qui déciment leurs armées, et dans lesquelles, chez eux, le moral ne vient jamais en aide au physique.

LE KNOUT. — LES BATTOGUES.

Il y a encore des gens qui prétendent que l'exemple du

dernier supplice ne diminue pas le nombre des crimes ; ce qui n'est pas contesté, c'est qu'un décollé ou un pendu sont fort peu utiles à un état. Les Czars l'ont compris, et comme les hommes sont ce qui leur manque le plus, en raison de l'étendue de leur empire, ils ont aboli la peine de mort, — de fait au moins, car elle est dans leurs codes. Depuis le grand civilisateur Pierre Ier, qui remplit quelquefois personnellement l'office de bourreau en faisant voler des têtes et en fouettant, de sa main impériale, des dames de sa cour pour de simples fautes d'étiquette, il n'y eut guère que de grands scélérats de mis à mort, et toujours dans d'atroces supplices. Ce Czar enleva aux maris le droit de tuer leurs femmes ; il défendit aussi aux seigneurs de tuer leurs paysans, mais comme il leur laissa le droit de bâtonner, knouter et battoguer selon leur bon plaisir, les intentions philantrophiques de ces ordonnances sont facilement éludées. Si la mort est le résultat de l'abus de ces moyens de correction, un certificat du médecin, mettant le décès sur le compte d'une maladie quelconque, décharge le maître de toute responsabilité. L'Impératrice Elisabeth, fille de Pierre Ier, non moins philantrophe que son père, déclara, en montant sur le trône, qu'il n'y aurait pas d'exécution capitale sous son règne. Les historiens l'en ont beaucoup louée ; ils ont proclamé le progrès de la civilisation..... Mais ils n'ont pas osé dire qu'elle avait peuplé la Sibérie et ses mines ; que cette philantropie n'était que calcul et spéculation, et que l'humanité n'y avait rien gagné. Ce fut cette Czarine qui fit supplicier une des plus belles femmes de sa cour, Madame Lapouchin, de la famille de Ottokesa Lapouchin, femme répudiée de Pierre Ier, mère du prince Alexis que son père fit condamner à mort après avoir fait couper la tête au comte Lapouchin, frère d'Ottokesa. Madame Lapouchin, sous l'inculpation vraie ou fausse d'avoir livré à un ambassadeur étranger un secret d'état, sans information, sans autre forme de procès, est condamnée, par l'Impératrice, à d'affreux supplices et à l'exil. Un officier et deux bourreaux vont la prendre dans son palais, et l'entraînent à pied à travers les rues de Moscou, jusqu'à la place des exécutions entourée d'une foule avide de ces spectacles, mais impassible et silencieuse. Malgré ses cris, ses larmes, son désespoir, un bourreau arrache brutalement à la malheureuse jeune femme ses vêtements jusqu'à la ceinture, lui prend les mains, et lui passant les bras sur ses épaules, la tient suspendue sur son dos recourbé. L'autre bourreau armé du knout, lanière de cuir longue de six pieds, large d'un pouce près du manche, et se terminant en pointe, mesure de l'œil la distance, et, en s'élançant, applique à deux mains un coup du terrible fouet qui, depuis l'épaule jusqu'à la hanche, laisse sa trace en enlevant la peau ; quatres autres coups parallèles produisent le même effet. Madame Lapouchin, couverte de sang, est déposée sans connaissance sur un brancard couvert de paille. Un nouveau supplice lui rend le sentiment de ses souffrances ; on lui coupe la langue avec un fer rouge. Portée mourante en prison, elle en partait, quelques jours après, encore malade, pour la Sibérie, sans avoir vu ni parent ni ami....., pas un n'avait osé paraître s'intéresser à son sort. Rappelée en 1762 par Pierre III, qui lui rendit ses honneurs et sa fortune, elle revint à Moscou où elle mourut bientôt après dans la profonde retraite qu'elle n'avait pas voulu quitter depuis son retour; quoique jeune encore, il ne lui restait plus aucune trace de son extraordinaire beauté, cause probable de ses malheurs.

Les punitions, dans les armées russes, varient au gré des chefs; pour une faute légère, un soldat sera condamné à rester un temps déterminé sur une seule jambe, les bras en croix ou les jambes écartées, il devra tenir par leurs baïonnettes deux fusils posés horizontalement sur ses épaules, et chargés, sur leurs crosses, d'un ou de deux autres fusils selon la vigueur du sujet ou la gravité de la faute. Quant aux salles de discipline et à tout ce qui est isolement et système cellulaire, ce sont des moyens inconnus chez les Russes. Ils seraient sans effet puisque leur action n'est qu'en raison de l'activité, de l'intelligence et de l'imagination des individus, dons naturels qui ne peuvent se développer dans l'esclavage. Les peines légales et officielles sont le knout et les battogues. Le knout civil s'administre par la main du bourreau. Un seul coup appliqué adroitement peut tuer un homme et cinquante coups sont presque toujours mortels, même pour l'homme le plus robuste ; aussi la famille de celui qui y est condamné s'arrange-t-elle assez souvent avec le bourreau pour qu'il lui épargne, d'un premier coup, ce long supplice dont le reste alors n'est plus infligé qu'à un cadavre. Les suppliciés sont ordinairement pendus par les mains à une poutre, et retenus par les pieds à une autre pièce de bois ; si Madame Lapouchin fut couchée sur le dos du bourreau, elle le dut à une gracieuseté de la part de celui-ci.

Dans l'armée, les soldats sont les exécuteurs des hautes œuvres ; en 1816, dans une garnison de notre frontière du nord, deux cavaliers surpris en flagrant délit par un officier de service furent, pour un crime que nos lois ne punissent pas, condamnés à recevoir chacun six milles coups de battogues. L'exécution se fit dans un terrain écarté et sans que les habitants en fussent prévenus, car il faut rendre cette justice aux officiers russes qu'ils semblaient honteux de tout ce qui semblait être un indice de leur barbarie. Mille hommes se mirent sur deux rangs : chaque homme tenait à la main trois longues baguettes de coudrier. Les condamnés furent amenés en tête de la colonne, c'étaient deux colosses de six pieds. On enleva au premier une couverture qui le laissa nu jusqu'à la ceinture ; après qu'il eut fait plusieurs signes de croix, on lui lia les mains à la crosse d'un fusil qu'un robuste sergent tenait à deux mains par le canon ; à un commandement, les mille hommes levèrent leurs baguettes au-dessus de leurs têtes et les agitèrent vivement ce qui produisit un horrible sifflement ; le sergent entra sous cette sinistre voûte entraînant le patient ; à mesure qu'il avançait, les bras s'abaissaient et se relevaient aussitôt le coup porté, continuant à agiter les baguettes. Hors des rangs marchaient d'un côté, un tambour battant

au pas accéléré ; de l'autre, un officier à cheval surveillant
si chacun faisait son devoir. Après quelques pas, des cris
et des contorsions du patient dénotèrent d'affreuses souffrances, mais bientôt le sang coula, le dos ne fut plus
qu'une plaie et des lambeaux de chair s'attachaient aux
baguettes et voltigeaient de toutes parts ; au second tour,
le supplicié marchait comme un homme ivre et serait
tombé cent fois s'il n'avait été soutenu par le fusil que le
sergent avait beaucoup de peine à maintenir. Arrivé au
terme, il tomba sans connaissance ; un chirurgien lui
enduisit le dos de graisse ; il fut déposé sur un camion
couvert de paille ; son camarade, qui avait été témoin de
son supplice, l'endura de même et vint bientôt prendre
place à son côté. Tous deux furent conduits à l'hôpital d'où
ils partirent, trois mois après, pour les mines de la Sibérie.
— La Sibérie..... vaste bagne où vont s'éteindre, sous le
knout, dans un supplice de chaque jour, sans une consolation, sans une espérance, ensevelis vivants au fond des
mines, des criminels, souvent par abrutissement, et ceux
qui, pour avoir douté de l'infaillibité du Czar et de la per-
fectibilité de son gouvernement, sont assimilés, par une
législation barbare, aux assassins et aux voleurs ; la Sibérie, immense prison d'état où gémissent les victimes d'un
caprice, d'une erreur, d'un soupçon ; lieu de déportation
auprès duquel tous les Botany-Bay du monde sont des lieux
de plaisance ; terre d'exil qui a pour barrières une mer de
glace, des steppes, des forêts et des marais infran-
chissables, des neiges de cent lieues, et, pour gardiens,

des ours et des bandes de loups ; patrie forcée de populations arrachées à leurs foyers, à leur sol natal, aux plaines de la Pologne et à d'autres contrées plus heureuses, transportées comme de vils troupeaux dans ces contrées désertes pour les peupler et les défricher. La Sibérie, tombeau muet de bien des soldats de la France, prisonniers de guerre, disséminés sur une surface de 800 lieues, morts au reste du monde, pleurés par leurs familles ignorantes de leur sort, abandonnés aux caprices de gouverneurs despotes toujours ivres, alors que les prisonniers russes, traités humainement, vivaient au milieu de nos populations qu'ils regrettaient de quitter lorsque la paix leur rouvrait leur patrie.

FIN